BEI GRIN MACHT SICH IHR
WISSEN BEZAHLT

AF144559

- Wir veröffentlichen Ihre Hausarbeit,
  Bachelor- und Masterarbeit

- Ihr eigenes eBook und Buch -
  weltweit in allen wichtigen Shops

- Verdienen Sie an jedem Verkauf

Jetzt bei www.GRIN.com hochladen
und kostenlos publizieren

Britta Daniel, Hans-Peter Tonn

Was bedeutet Identität nach Lothar Krappmann und Karl Haußer?

GRIN Verlag

Bibliografische Information der Deutschen Nationalbibliothek:

Die Deutsche Bibliothek verzeichnet diese Publikation in der Deutschen National-
bibliografie; detaillierte bibliografische Daten sind im Internet über http://dnb.d-
nb.de/ abrufbar.

Impressum:

Copyright © 2004 GRIN Verlag GmbH
Druck und Bindung: Books on Demand GmbH, Norderstedt Germany
ISBN: 978-3-638-87366-6

Dieses Buch bei GRIN:

http://www.grin.com/de/e-book/31852/was-bedeutet-identitaet-nach-lothar-
krappmann-und-karl-hausser

GRIN - Your knowledge has value

Der GRIN Verlag publiziert seit 1998 wissenschaftliche Arbeiten von Studenten, Hochschullehrern und anderen Akademikern als eBook und gedrucktes Buch. Die Verlagswebsite www.grin.com ist die ideale Plattform zur Veröffentlichung von Hausarbeiten, Abschlussarbeiten, wissenschaftlichen Aufsätzen, Dissertationen und Fachbüchern.

Besuchen Sie uns im Internet:

http://www.grin.com/

http://www.facebook.com/grincom

http://www.twitter.com/grin_com

Studienleistung im Grundstudium

Namen: Britta Daniel, Hans-Peter Tonn

Institution :   Fachhochschule Hildesheim/Holzminden/Göttingen

Fachbereich: Sozialpädagogik in Hildesheim

Art: Hausarbeit

Veranstaltung: Nachbereitung und Vertiefung von Praktika im Grundstudium
                          GS/PB/1/514

Thema: Was bedeutet Identität nach Lothar Krappmann?
                          - Klärung des Identitätsbegriffs auf der Grundlage seines
                          Buches „Soziologische Dimensionen der Identität"

„Was bedeutet Identität nach Lothar Krappmann?"

„Identität ist die Leistung, die das Individuum als Bedingung der Möglichkeit seiner Beteiligung an Kommunikations- und Interaktionsprozessen zu erbringen hat." (S. 207)

Für Lothar Krappmann ist Identität keine feststehende, vererbbare oder von Geburt an vorhandene Eigenschaft des Menschen, sondern etwas dynamisches, veränderbares, das sich mit jedem Kommunikations- und Interaktionsprozess neu definiert. Zur Begründung seiner Theorie geht er von seiner Beobachtung aus, dass jeder Mensch sich in unterschiedlichen Kommunikationsprozessen je nach Interaktionspartnern unterschiedlich verhält. Als Beispiele nennt er, dass „wir uns kooperationsbereit und nachgiebig unter unseren Arbeitskollegen verhalten, jedoch hartnäckig auf unser Recht pochen, wenn unser Wagen in der Werkstatt unsachgemäß repariert wurde" oder, dass „wir in einem Gespräch über politische Probleme mit einem Studentenvertreter anders sprechen als mit einem Mitglied der Regierungspartei" (S.7). Er stellt fest, dass Gespräche und gemeinsames Handeln nur möglich sind, wenn Menschen sich auf ihre Gesprächspartner einstellen, indem sie empatisch denken und die Erwartungen der anderen erkennen. Dies hat, so meint Krappmann, aber auch Grenzen. Wenn nämlich nicht mehr erkennbar ist, wofür ein Mensch wirklich eintritt, weil er sich voll und ganz den Erwartungen seines Gegenüber anpasst. „Denn die Mitglieder von Handlungs- und Kommunikationssystemen verlangen voneinander ein gewisses Maß an Konsistenz im Verhalten und an Integration von Beteiligung." (S.7)

Der Mensch, der sich in einem Interaktionsprozess befindet, steckt also in folgendem Dilemma: „Obwohl gemeinsames Handeln und Kommunikation auf der einen Seite voraussetzen, dass die Partner sich in Handlungsorientierung und Sprache einander angleichen, muss jeder auf der anderen Seite verdeutlichen, „wer er ist", um den Ablauf von Zusammenkünften vorhersehbar und auf diese Weise planbar zu machen." (S. 7)

Zum Präsentieren der besonderen Individualität, also „wer er ist", braucht der Mensch zudem die Zustimmung seines Interaktionspartners. Dieser entwirft Vorstellungen darüber, die nicht unberücksichtigt bleiben können. Dazu gehört z.B., dass „man" von einem Wissenschaftler rationale Argumentation erwartet, von einem Künstler Exzentrizität und Phantasie, von einem Arzt Hilfsbereitschaft und Sorgfalt. Wer wiederholt gegen solche allgemein von der Gesellschaft geteilten Vorstellungen verstößt, läuft Gefahr, in seiner individuellen Besonderheit nicht akzeptiert zu werden.

Hinzu kommt, dass der Mensch eigene Bedürfnisse in jeder Interaktion geltend machen möchte. Er muss also abwägen, wie er sich präsentiert, wenn er auf verschiedenartige Partner eingehen muss, um mit ihnen kommunizieren und handeln zu können, andererseits sich in seiner Besonderheit und mit seinen Bedürfnissen darzustellen hat, um als dasselbe Individuum auch in verschiedenen Situationen erkennbar zu sein. Gelingt es dem einzelnen nicht, seine Besonderheit auf diesem Hintergrund seinen Handlungs- und Gesprächspartnern zu übersetzen, droht er in Isolation zu geraten.

Diesen Zustand des ständigen neuen Abwägens und „Sich Präsentierens" mit dem Ziel der erfolgreichen Interaktion nennt Krappmann „balancierende Identität".

Dem Individuum wird der Akt des „Balancierens" in unserer heutigen Gesellschaft zusätzlich durch konkurrierende Normen, Erwartungen und Interpretationen von Personen und Situationen erschwert. Angesichts dieser Tatsache stellt Krappmann die Frage, ob es für das Individuum vorteilhafter und leichter sei, auf Konsistenz im Verhalten und Integration zu verzichten. „Ist Individualität nur unter Verhältnissen zu wahren, die das Individuum nicht zwischen diskrepanten Erwartungen zu zerreißen droht?" (S.8)

Doch auch –real nicht vorstellbare- Verhältnisse ohne einander widerstreitende Normen oder ohne Sanktionen für Abweichungen würden der Selbstdarstellung des Individuums Probleme bereiten. Entweder würde die vollständige Übereinstimmung aller Erwartungen und Bedürfnisse von vornherein die Artikulation einer Besonderheit ausschließen, oder dem Individuum, das doch von den allgemeinen Normen abweichende Erwartungen besitzt, stünden keine ihm mit den anderen gemeinsamen Interpretationen zur Verfügung, an die es bei der Artikulation dieser Erwartungen anknüpfen könnte.

Krappmann schließt daraus, dass das Individuum auf eine gewisse Bandbreite unterschiedlicher Erwartungen und Interpretationen angewiesen ist, um sich an ihm nahestehenden Interpretationen anlehnen und durch Kritik des vorgegebenen Normensystems seine unberücksichtigten persönlichen Erwartungen verdeutlichen zu können.

Krappmann grenzt den Begriff der Identität klar von der Idee der „selbstentworfenen, starren Identität" ab: „Identität ist nicht mit einem starren Selbstbild, das das Individuum für sich entworfen hat, zu verwechseln; vielmehr stellt sie eine immer wieder neue Verknüpfung früherer und anderer Interaktionsbeteiligungen des Individuums mit den Erwartungen und Bedürfnissen, die in der aktuellen Situation auftreten, dar." (S.9)

Damit beschreibt er zugleich den biographischen Aspekt, der nach seiner Auffassung das Handeln des Individuums in Interaktionsprozessen beeinflusst. Das Individuum ordnet seine sozialen Beteiligungen aus der Perspektive der gegenwärtigen Handlungssituation zu einer Biographie, die einen Zusammenhang zwischen den Ereignissen im Leben des Betreffenden herstellt. Der Entwurf einer Biographie scheint zwar zunächst nur durch bloße Interpretation eine plausible Abfolge zwischen den Ereignissen im Leben des Betreffenden herzustellen. Es sei aber, so Krappmann, „zu erwarten, dass, ein Individuum dann, wenn es frühere Handlungsbeteiligungen und außerhalb der aktuellen Situation bestehende Anforderungen in seine Bemühungen um Identität aufnimmt, auch tatsächlich ein höheres Maß an Konsistenz im Verhalten zeigen wird." (S.9) Durch Vernetzung verschiedener Handlungssituationen schafft sich der Mensch so einen Rahmen zur besseren Handlungsorientierung, d.h. zur Abwägung von Verhalten in neuen Situationen.

Krappmann grenzt seinen Identitätsbegriff mehrfach deutlich von einem starren, „lediglich psychologischen", auf die herkömmliche Vorstellung von Persönlichkeitsstrukturen sich stützenden Konzept ab. Er beschreibt, „...dass die Bedingungen der Möglichkeit der Identität eines Individuums und damit seiner Fähigkeit zu sozialer Interaktion auf der Ebene sozialstruktureller Faktoren zu suchen sind und Identität nicht zureichend als ein subjektives, im Belieben des Individuums stehendes Bestreben, sich in einer Welt angeblich zunehmender Konformität als ein einmaliges festzuhalten, beschrieben werden kann." (S.11) Die Individualität eines Individuums, also seine es von den anderen unterscheidende Besonderheit, wird demnach auch nicht als eine unabtrennbar mit der Existenz des Individuums gegebene Eigenschaft verstanden. Nach Krappmanns Ansicht muss „der Aufbau einer individuierten Identität als eine den Strukturen sozialer Interaktionsprozesse entsprechende Leistung des Individuums angesehen werden, ohne die eine Beteiligung an Kommunikations- und Handlungsprozessen gefährdet oder sogar ausgeschlossen ist." (S.11) Daraus folgt, dass diese Leistung auch misslingen kann, nämlich z.B. dann, wenn gegensätzliche Verhältnisse es dem Individuum nicht gestatten, sich als identisches zu behaupten. Eine Beispiel-Situation hierfür könnte sein: Ein Bankangestellter, der in seiner Freizeit Motorrad fährt, trifft auf einem Stadtfest gleichzeitig seinen Vorgesetzten und seinen Kumpel aus der Rocker-Szene. In der nun folgenden Interaktion haben beide Gesprächspartner unterschiedliche, zum Teil sogar gegensätzliche Erwartungen an das Verhalten des Bankangestellten. Gelingt es dem Bankangestellten nicht, sich auch in dieser Situation als „identisches Individuum" zu behaupten –sei es, weil ungünstige Sozialisationsbedingungen ihm nicht die Fähigkeit vermittelt haben, Identität auch bei diskrepanten Erwartungen zu wahren - kann dies z.B. einen Abbruch der Interaktion zur Folge haben.

Das Streben nach Identität ist für das Individuum demzufolge nicht als eine Art „anthropologischer Naturkonstante" zu verstehen, sondern als unablässlich für die erfolgreiche Partizipation des Individuums in Kommunikations- und Interaktionsprozessen.

Identität zu gewinnen und zu präsentieren, beschreibt Krappmann als einen „in jeder Situation angesichts neuer Erwartungen und im Hinblick auf die jeweils unterschiedliche Identität von Handlungs- und Gesprächspartnern zu leistenden kreativen Akt." (S.11) Dieser „kreative Akt" schafft etwas noch nicht Dagewesenes, nämlich die Aufarbeitung der Lebensgeschichte des Individuums für die aktuelle Situation. Durch den Rückgriff auf frühere Interaktionserfahrungen und andere Anforderungen, die mit in die Formulierung seiner

Position einfließen, schafft es das Individuum, sich dieser Situation gegenüber in Distanz zu setzen. Dies hilft ihm, da seine Position Bestandteil der Situation ist und wiederum von den anderen Gesprächspartnern berücksichtigt werden muss, bei dem Versuch, eine Interpretation der Situation durchzusetzen, die seinen Handlungsmöglichkeiten und Absichten weitgehend entspricht.

Krappmann greift für seine Erläuterung des Identitätsbegriffs auf den soziologischen Interaktionismus zurück, der sich auf die sozialen Beziehungen des Individuums in einer symbolischen Umwelt konzentriert und von der Analyse von Alltagserfahrungen ausgeht, die jedermann zugänglich sind. Der Interaktionismus ist der Auffassung, dass das Individuum auf soziale Beziehunge zu anderen angewiesen ist, „weil es nur in diesen Beziehungen ein „Selbst" aufbauen beziehungsweise Identität gewinnen kann." (S.20) Aus dem Interaktionismus entstammt auch die Idee, dass das soziale Geschehen ein offener, dynamischer Prozess sei. Jedes Individuum muss demzufolge sich ständig bemühen, seine Beteiligung an Interaktionen und damit auch seine Identität neu zu stabilisieren. (S.21) Das Individuum besitzt Identität immer nur in bestimmten Situtionen und unter anderen, die sie anerkennen. (S.35)

Krappmann vertritt die Auffassung, dass die hier beschriebene Vorstellung von balancierender Identität jedoch nicht unter harmonischen gesellschaftlichen Verhältnissen möglich ist. Sondern die Struktur der Interaktionsprozesse verlangt gerade, widersprüchliche Erwartungen, unzureichende Bedürfnisbefriedigung und unzulängliche Versuche der Übersetzung subjektiver Interpretationen und Intentionen auszuhalten und nicht zu verdrängen. Die sei erforderlich, weil nur auf diese Weise ein Handlungsspielraum geschaffen werden könne. Laut Krappmann führt der strukturelle Zwang, Diskrepanzen zu überbrücken, zugleich zur Kritik unzufriedenstellender Verhältnisse. (S. 30)

Quelle:

Krappmann, Lothar: Soziologische Dimensionen der Identität. Stuttgart: Klett-Cotta, 1969. Neunte, in der Ausstattung veränderte Auflage 2000.

Datum und Unterschrift

Bad Münder, 19. August 2003

Britta Daniel

Studienleistung im Grundstudium

Namen: Hans-Peter Tonn

Institution : Fachhochschule Hildesheim/Holzminden/Göttingen

Fachbereich: Sozialpädagogik in Hildesheim

Art: Hausarbeit

Veranstaltung: Nachbereitung und Vertiefung von Praktika im Grundstudium
GS/PB/1/514

Thema: Was bedeutet Identität nach Karl Haußer?
- Klärung des Identitätsbegriffs auf der Grundlage seines
Buches „Identitätspsychologie"

„Was bedeutet Identität nach Karl Haußer?"

Der Begriff Identität ist etymologisch zurückzuführen auf das lateinische „idem, eadem, idem" (auf deutsch „derselbe, dieselbe, dasselbe; das nämliche; ein und derselbe"). Von „identisch" zu reden, macht laut Haußer erst Sinn, wenn zwei Dinge zueinander in Relation gesetzt werden. Deshalb bezeichnet Karl Haußer Identität als Relationsbegriff. Identität als solches sagt also weniger etwas aus über „Wer bin ich?", sondern vielmehr über „Wer bin ich hier im Vergleich zu dort?", „Wer bin ich jetzt im Vergleich zu damals?", „Wie hätte mich mein Partner gerne, und wie hätte ich mich gerne?" oder „Wer will ich in zehn Jahren sein im Vergleich zu heute?" (S.3)

Damit grenzt Haußer den Identitätsbegriff klar vom statischen Denken, wie es auch aus der Antike bekannt ist, ab. Er verzichtet auf statische Begriffe wie „das Selbst", „das Ich" oder „das Ego". Haußer beschreibt die Wichtigkeit, in Relationen und Funktionen, in zwischenmenschlichen Beziehungen und sozialen Interaktionen – also lebendig zu denken. (S. 4)

Karl Haußer bezieht sich bei seiner Definition von Identität auf James E. Marcia. Dieser umschreibt Identität als „eine innere, selbstkonstruierte, dynamische Organisation von Trieben, Fähigkeiten, Überzeugungen und individueller Geschichte" (MARCIA 1980, S. 159). Als wesentliches Kennzeichen des psychologischen Identitätsbegriffs hält Haußer fest, dass diese „selbstkonstruiert" ist. Das bedeutet, dass die Instanz, welche über die Identität eines Menschen Auskunft zu geben vermag, der betreffende Mensch selbst ist. Damit sei Identität auch von Rolle und Persönlichkeit zu unterscheiden, da Identität „weder das Bündel gesellschaftlicher Verhaltenserwartungen in der Lebenswelt eines Menschen (Rolle) noch die Gesamtheit seiner psychischen Merkmale (Persönlichkeit) sei. „Selbstkonstruiert" bedeute stattdessen, dass „Identität im Gegensatz zu Rolle und Persönlichkeit ursprünglich im Bewußtsein des Individuums existiert und auch dementsprechend zu erforschen ist". (S.3)

Haußer nimmt zu Beginn seiner Definition Abstand von der Denkweise, beim Mensch unterscheide man zwischen selbstbezogenem und außenweltbezogenem Denken, zwischen einem Selbstkonzept und einem Umweltkonzept. Er sieht diese Art zu Denken als unangemessen für eine Identitätstheorie, weil hierbei Selbst und Außenwelt getrennt werden, obwohl „das eigentlich Identitätsrelevante doch in deren Relation liegt." Haußer begründet diese Aussage, indem er feststellt, dass jede Selbstkognition eines Individuums immer auch in Beziehung zur Umwelt stehe. Als Beispiel beschreibt er einen Mensch, der ergriffen und aufgeregt ein Erlebnis mitteilt. Dieser berichtet nicht statische Merkmale seiner Person für sich oder seiner Umwelt für sich sondern Merkmale seiner Begegnung, seines Austauschs, seiner sozialen Interaktion mit der Umwelt, also von eigenen Person-Umwelt-Relationen.

Zur Bezeichnung dieser Beziehung benutzt Haußer den Begriff Leontjews', die Gegenstandsbeziehung. Diese umfasst laut Leontjäw nicht nur Sachen sondern auch Personen, Lebewesen, Zustände, Veränderungen, Ereignisse und Zusammenhänge. Eine Gegenstandsbeziehung kann man also zu seinem Klavier, seiner Lebenspartnerin oder seiner Heimatstadt haben. (S. 8)

Hausser bezieht sich weiter auf Leontjew und Lewin, indem er aussagt, alle Gegenstände hätten einen Aufforderungscharakter, eine Valenz für einen Menschen. Bei der Bedürfnisbefriedigung und Interessenrealisierung eines Menschen ist diese Valenz, die aufgrund von Erfahrungen und Erwartungen des Menschen mit diesem Gegenstand entstanden ist, von Bedeutung. Die Valenz eines Gegenstandes kann es einem Menschen unmöglich machen, ihm zu widerstehen. Für einen anderen Mensch kann der selbe Gegenstand den Charakter eines Befehls oder die nur die Stärke einer Bitte annehmen.

Die Valenz hat nun eine kognitive und eine emotionale Seite. Die kognitive ist die subjektive Bedeutsamkeit und die emotionale die subjektive Betroffenheit. Als subjektive Bedeutsamkeit bezeichnet Haußer die Wichtigkeit, die ein Gegenstand für einen Menschen hat. Bezogen auf Schiefeles motivationstheoretisches „Bedeutungsrelief" mit seinen Selektions- und Orientierungsfunktionen (SCHIEFELE 1978, S. 140 ff.) läßt sich, so meint Haußer, „subjektive Bedeutsamkeit als die Bedeutsamkeit der verschiedenen subjektiven Bedeutungsthematiken eines Menschen verstehen". Darunter versteht er z.B. die Verbindlichkeit oder Unverbindlichkeit einer Partnerbeziehung, Karriereorientierung oder Zufriedenheit mit einer erreichten Berufsposition etc.. Daraus ergibt sich, dass jeder Mensch über ein individuelles Bedeutsamkeitsprofil verfügt. Haußer definiert subjektive Bedeutsamkeit somit identitätspsychologisch als „kognitives Ordnungsinstrument des Subjekts [...], das die Identitätsrelevanz von Erfahrungen einerseits und Motivationen andererseits bestimmt." (S. 9)

Bei der subjektiven Betroffenheit geht es um die eigenen Emotionen, die Betroffenheit und als Gegenteil die Gleichgültigkeit, die eine Gegenstandsbeziehung verursacht. Haußer konstatiert dazu, dass, was einen sehr betroffen macht und beschäftigt, in die Selbstwahrnehmung und Selbstbewertung eingeht. Was einen emotional nicht berührt und kalt lässt, wird auch nicht identitätsrelevant. (S. 9)

Dabei unterscheidet er zwischen „existentieller" und „ideeler Betroffenheit". Zur Verdeutlichung führt er folgendes Beispiel an: „Von der Schließung eines Großbetriebes ist „existentiell" betroffen, wer arbeitslos wird, und „ideel", wer als Beschäftigter einer anderen Firma aus Solidarität auf eine entsprechende Protestkundgebung geht." (S.9)

Betroffenheit kann auch ambivalent sein, also anziehende und abstoßende Kräfte gleichzeitig enthalten (Beispiel: Eine Frau, deren Mann regelmäßig in Gesellschaft einer anderen Frau einem bestimmten Hobby frönt, kann dies in ihrem Selbstverständnis einer freien Partnerbeziehung durchaus okay finden, aber dennoch eifersüchtig sein).

Die subjektive Betroffenheit unterliegt aber auch dem Prinzip der Ökonomie. Das heißt, dass, wenn bestimmte Gegenstandsbeziehungen einen Menschen sehr betroffen machen, er, schon aus Gründen seiner psychischen Kapazität und zeit-räumlichen Begrenztheit, als Ausgleich andere Gegenstandsbeziehungen braucht, die ihn emotional weniger berühren. (S.10) Es gibt also unterschiedliche Grade von subjektiver Betroffenheit.

Wenn subjektive Bedeutsamkeit und Betroffenheit vorliegen, dann kommen Selbstwahrnehmung und Selbstbewertung als zwei weitere zentrale Komponenten von Identiät als situativer Erfahrung hinzu.

Als einen entscheidenen Teil seiner Definition von Identität stellt Haußer fest, dass situative Selbstwahrnehmungen und Selbstbewertungen auch zu übersituativen Selbstkonzepten und Selbstwertgefühlen über Bereiche und Zeit hinweg generalisiert werden können.

Wenn man sich selbst in einer subjektiv bedeutsamen und betroffen machenden Situation wahrnimmt, bezeichnet man dies als Selbstaufmerksamkeit (Beispiel: In einem Café mit vielen Spiegeln an der Wand ist es sehr wahrscheinlich, dass man auch sich selbst als Akteur beobachtet). Die Aufmerksamkeit kann sich auf das eigene momentane Befinden, die eigene Biographie, den eigenen Körper, die eigenen Wünsche richten. Wichtig ist, dass Selbstaufmerksamkeit in der situativen Erfahrung den momentanen affektiven Zustand steigert. (S. 13)

Selbstaufmerksamkeit ist die Voraussetzung für Selbstwahrnehmung. Bei der Selbstwahrnehmung vereinigt man die momentane Erfahrung eigenen Verhaltens und Wirkens mit gespeicherter Erfahrung, wie man sich selbst kennt (Beispiel: Hat man in einem Restaurant die Wahl, Fisch zu essen oder nicht, so geht in die Selbstwahrnehmung neben den momentanen Bedürfnissen auch die allgemeine Vorliebe für oder Abneigung gegen Fisch ein).

Diese Selbstwahrnehmung ist auch durch andere Menschen sozial beeinflussbar. Haußer bezieht sich dabei auf den Behavioristen Bem, der dies empirisch belegt hat (BEM 1979, S. 108 ff.).

An die kognitive Selbstwahrnehmung schließt die emotionale Selbstbewertung an. Bei dieser Aussage geht Haußer auch auf die wissenschaftlich geführte Grundsatzdebatte ein, ob Emotionen post- oder präkognitiven Charakter haben. Er kommt zu dem Schluss, dass aus identitätspsychologischer Sicht beide Auffassungen – je nach Fragestellung – einen Wahrheitsgehalt haben. Einerseits kann eine Selbstbewertung nicht ohne Material erfolgen, welches die Selbstwahrnehmung liefert. Andererseits kann ein Mensch mit generell geringem Selbstwertgefühl und mangelndem Selbstbewußtsein und Selbstvertrauen eine subjektiv bedeutsame Situation oft schon von vornherein so erleben, dass seine

Selbstwahrnehmung beeinträchtigt ist. Als Beispiel gibt er an, dass Depressive dazu neigen, einen persönlichen Erfolg als einen „Ausrutscher" zu bezeichnen, während Selbstbewußte hierin eine „typische" Bestätigung ihrer herausragenden Fähigkeiten sehen. (S. 15) Haußer erklärt die Begriffe der Selbstwahrnehmung, der Selbsteinschätzung und der Selbstbewertung mit der Persönlichkeitstheorie von Sader.

Bei der Selbstwahrnehmung handelt es sich demnach um „das augenblickliche Bild von mir selbst", jedoch nicht als Momentaufnahme sondern mit Prozesscharakter. Der Wahrnehmende setzt das situativ Erlebte in Beziehung zu seinem Vorwissen. Er strukturiert das Wahrgenommene (Beispiel: „Ich habe Angst, wenn ich an diesem großen Hund vorbeigehe.").

Bei der Selbsteinschätzung geht es um die Einordnung des Wahrgenommenen in Bezugssysteme (Beispiel: „Ich bin, glaube ich, ängstlicher als die meisten anderen Leute – wenigstens bei so großen Hunden.").

Die Selbstbewertung beschreibt das explizite Bewerten der Selbsteinschätzung im Hinblick auf sich selbst (Beispiel: „Ich finde das nicht gerade gut, aber ich kann dazu stehen, dass ich ängstlicher bin als andere, wenigstens in dieser Hinsicht. In anderer Hinsicht erlebe ich mich als weniger ängstlich als andere Leute, und das gleicht sich aus."). (S.15)

Die Selbstbewertung, also ob man aufgrund einer situativen Erfahrung z.B. glücklich oder traurig ist, richtet sich nach einem Richtwert, den man Bezugsnorm nennt. Die Bezugsnorm kann aus zwei verschiedenen Quellen entstammen: aus dem sozialen Vergleich oder dem individuellen Verleich. Während der soziale Vergleich den Bezug zu anderen Menschen sucht (wie im Beispiel der Ängstlichkeit vor dem Hund bei Sader), wird der individuelle Vergleich an eigenen Wünschen, Vorsätzen, Zielen und moralischen Werten gemessen.

Selbstbewertung ist oft „Diskrepanzbewertung", da es meist nur zu einer Annäherung an das gewünschte Ziel, also einer „reduzierten Diskrepanz" kommt. Um die Diskrepanz weiter zu reduzieren und dadurch seine Selbstbewertung zu verbessern, wird der jeweilige Mensch entweder, seine Bezugsnorm reduzieren oder erneutes geeignetes Verhalten ausprobieren.

Eine dritte mögliche Reaktion auf eine erlebte Diskrepanz ist die Defensivreaktion. Diese kann als negative oder positive Diskrepanz auftreten. Im Falle einer negativen Diskrepanz ist die Abneigung gegenüber einer Gegenstandsbeziehung und die befürchtete verletzende Selbstbewertung groß. Es kommt entweder zu erneuter Anstrenung, Abwehr oder Vermeidung. Eine positive Diskrepanz wird zu einer Intensivierung der Gegenstandsbeziehung führen. Selbstbewertung kann deshalb auch als „Motivationsprinzip" bezeichnet werden. (S. 16)

Ein weiterer Punkt in Haußers Klärung des Identitätsbegriffs ist die Personale Kontrolle. Dieser Begriff stammt von Averill (1973). Personale Kontrolle ist das Bedürfnis, auf Gegebenheiten und Ereignisse der Umwelt Einfluss zu nehmen. „Personal" meint, dass es sich hierbei um die persönlich erlebte Kontrolle handelt, also die erlebten Möglichkeiten eines Menschen, auf seine Umwelt Einfluss zu nehmen. Diese müssen nicht notwendigerweise den objektiv in der Realität vorhandenen Möglichkeiten entsprechen. (S. 17)

Der identitätspsychologische Stellenwert der Kontrolltheorie wird erkennbar in ihrer erweiterten Fassung von FREY et al. (1977): „Unter Kontrolle versteht man die Fähigkeit eines Menschen, Ereignisse und Zustände zu erklären und/ oder vorherzusagen und/ oder zu beeinflussen."

Dieser Drei-Komponenten-Ansatz besteht aus Attribuieren, Antizipieren und Agieren. Unter dem Aspekt der Identität geht es darum, inwieweit sich ein Mensch eine gemachte Erfahrung erklärt, das Ereignis kommen sah und darauf einwirkte. Neben der Fähigkeit zur Kontrolle setzt dies auch die Motivation zur Kontrolle voraus. Haußer fragt, worin die psychischen Voraussetzungen liegen, dass jemand in bestimmten Situationen das Bedürfnis hat, sich etwas zu erklären (Beispiel: Warum fahren einige Autofahrer an einem schweren Verkehrsunfall vorbei, während andere die Verletzten versorgen und wieder andere die Schuldfrage debattieren?).

Bei Menschen gibt es offensichtlich unterschiedlich hohe Schwellen von Erklärungsbedürftigkeit. Bei subjektiv bedeutsamen und betroffen machenden, also identitätsrelevanten Erfahrungen ist prinzipiell mit Erklärungsbedürftigkeit zu rechnen.

Geht ein Mensch davon aus, dass wichtige Erfahrungen von ihm selbst kontrolliert sind, handelt es sich um interne Kontrolle. Geht der Mensch davon aus, von mächtigen Anderen (z.B. Naturgewalten, gesellschaftliche Kräfte, Zufall, Glück) kontrolliert zu werden, handelt es sich um externe Kontrolle. Haußer vertritt die Meinung, dass Personale Kontrolle beim Menschen nicht monokausal einseitig intern oder extern bestimmt ist, sondern dass interne und externe Faktoren in Kombination miteinander wirken.

Personale Kontrolle ist nicht nur davon geleitet, Realität richtig zu erkennen. Menschen neigen dazu, Unerklärliches und Unvorhergesehenes so zu interpretieren, dass sie dabei nicht „ihr Gesicht verlieren". Das Bedürfnis nach Selbstwertherstellung geht auf Kosten der Realitätsprüfung (Beispiel: Lehrer attribuieren bei der Ursachenerklärung für schlechte Schulnoten verstärkt extern, weisen also die Verantwortung für schlechte Schülernoten von sich). (S. 20)

Subjektive Bedeutsamkeit und Betroffenheit bilden also einen „Identitätsfilter" für jene situativen Erfahrungen, mit denen sich eine Person besonders beschäftigt, und anhand derer sie ihre ureigene Identität aufbaut. Wenn Erfahrungen diesen Filter durchlaufen haben, werden sie in Form von Selbstwahrnehmung, Selbstbewertung und personaler Kontrolle situativ eingeschätzt und bewertet. Bestimmte Erfahrungen können nun von einem Mensch als so zentral und wichtig erachtet werden, dass dieser seine psychische Beschäftigung damit ausdehnt und Generalisierungen vornimmt (Beispiel: erste sexuelle Erfahrungen wurden als schrecklich erlebt. Nun wird Sexualität im Allgemeinen als schrecklich empfunden). Hierbei wird eine neue Stufe erreicht, nämlich Identität als übersituative Verarbeitung. Verarbeitung meint hier bewußte, aktive Auseinandersetzung, Arbeit an sich selbst und den Bezug herzustellen zwischen zentralen Erfahrungen und eigenen Überzeugungen, Gefühlen und Erwartungen. Dabei spielen die Gegenstandsbeziehungen zu den Mitmenschen der jeweiligen Person eine besondere Rolle, da in interpersonellen Beziehungen Fremdwahrnehmungen von anderen vermittelt werden und die Person umgekehrt selbst vermittelt.

Psychische Generalisierungen können grundsätzlich auf zwei unterschiedlichen Dimensionen verlaufen: über die Zeit oder über Bereiche. Über die Zeit kann aus einer situativen Fähigkeitswahrnehmung ein bereichsspezifisch-stabiles Fähigkeitsselbstkonzept werden (Beispiel: Aus der schlechten Note wird ein schlechter Schüler). Es kann auch eine Generalisierung über Bereiche hinweg stattfinden, indem aus einer situativen Fähigkeitswahrnehmung sich ein globales Selbstkonzept entwickelt (Beispiel: Ein junges Mädchen hat momentan schlechte Schulleistungen. Sie glaubt auch, dass sie momentan bei Jungen nicht ankommt und im Umgang mit Ihren Eltern Pech hat).

Bei doppelter Generalisierung, also über Bereiche und Zeit hinweg, entsteht ein global-stabiles Selbstkonzept. Im Beispiel des Mädchens würde dies bedeuten, dass sie sich nicht als momentane Schulversagerin, sondern als Versagerin schlechthin sieht.

Identitätsgeneralisierungen sind jedoch nicht eingleisig zu verstehen, sondern können durch neue Erfahrungen und Verarbeitungen einen Menschen dazu bringen, dass er eine Generalisierung wieder rückgängig macht. Dieser Umkehr-Prozess heißt Spezifizierung (Beispiel: Durch das Erlebnis einer guten Note in einem anderen Fach kann unter bestimmten Bedingungen ein Schulversager-Selbstkonzept wieder aufgebrochen werden).

Die drei situationsspezifischen Identitätskomponenten Selbstwahrnehmung, Selbstbewertung und Personale Kontrolle lassen sich generalisieren zu den über Bereiche und Zeit global-stabilen Identitätskomponenten Selbstkonzept, Selbstwertgefühl und Kontrollüberzeugung. Selbstkonzept ist definiert als generalisierte Selbstwahrnehmung, Selbstwertgefühl als generalisierte Selbstbewertung und Kontrollüberzeugung als generalisierte personale Kontrolle. Zwischen diesen Identitätskomponenten gibt es eine Dynamik, von Spezifizierung zu Generalisierung und von Generalisierung hin zu Spezifizierung. (S. 26)

Karl Haußers Identitätstheorie begründet sich also darauf, dass er annimmt, dass der Mensch identitätsrelevante subjektiv bedeutsame und betroffen machende Erfahrungen macht, aus denen situative Selbstwahrnehmung, Selbstbewertung und Personale Kontrolle resultieren. Werden diese Erfahrungen als besonders wichtig und zentral empfunden, erfolgt daraus eine Generalisierung über die Zeit – von momentan nach stabil - und über Lebensbereiche – von bereichsspezifisch nach global - hin zu einer generalisierten global-stabilen Identität, die sich aus den Identitätskomponenten Selbstkonzept, Selbstwertgefühl und Kontrollüberzeugung zusammensetzt.

Identität zeigt sich bei Haußer nicht nur als Ergebnisvariable verarbeiteter, generalisierter Erfahrungen sondern auch als Bedingungsvariable für motivationale und Handlungsimpulse: Aufgrund der spezifisch ausgeprägten und inhaltlich besetzten Identitätskomponenten Selbstkonzept, Selbstwertgefühl und Kontrollüberzeugung werden innere Verpflichtungen eingegangen, wird Selbstansprüchen in Bedürfnissen und Interessen nachgegangen und Kontrolle ausgeübt.

Jede Person geht im Laufe ihres Lebens unzählige Gegenstandsbeziehungen mit Personen, Sachen und Sachverhalten ein. Diese unterscheiden sich darin, wie intensiv sich eine Person mit ihnen auseinandersetzt, also wie ernst es der Person damit ist.

Innere Verpflichtung bezeichnet die verbindliche innere Haltung, sich auf einen Gegenstand einzulassen, sich zu binden und festzulegen sowie das nach außen gerichtete Engagement gegenüber dem Gegenstand. Gegenteil der inneren Verpflichtung ist die innere Entpflichtung als Prozess der Lösung und Abkehr, bzw. Zustand der Gleichgültigkeit.

Beispielsweise überwinden Jugendliche die Identitätskrise (im Sinne eines psycho-sozialen Moratoriums), indem sie in verschiedenen Lebensbereichen innere Verpflichtungen eingehen.

Die Innere Verpflichtung besitzt einen Doppelcharakter in Form eines emotionalen und motivationalen Konzeptes. Innere Haltung und äußeres Engagement müssen zusammenkommen (Beispiel: Wer verbal die zuverlässige, verbindliche Haltung vorgibt, vom Bergwandern und Klettern begeistert zu sein, den Worten aber keine Taten folgen lässt, ist von seiner Identität her kein Bergsteiger). (S. 50)

Erst Haltung und Engagement zusammen machen eine innere Verpflichtung aus.

Das Eingehen und Lösen von Bindungen zu Gegenstandsbeziehungen kann man auch als das Aufkommen und Abklingen von Valenzen bezeichnen. Auflösen kann man innere Verpflichtungen, indem man sich und/oder indem sich das Objekt entzieht.

Als identitätsrelevant kann man nach Haußer ein Bedürfnis oder Interesse eines Menschen dann ansehen, wenn es einen subjektiv bedeutsamen und betroffen machenden Selbstanspruch enthält. Der im Bedürfnis enthaltene Selbstanspruch zielt auf Befriedigung. Ist der Selbstanspruch erfüllt, existiert das Bedürfnis nicht mehr. Der im Interesse enthaltene Selbstanspruch zielt dagegen auf Realisierung ab. Interessen bedürfen daher mehr Zeit und einem Mindestmaß an Reflexion. Interessen haben eine besondere Bedeutung als Ausdruck von Identität und als Beitrag zur Identitätsbildung. Insofern besteht kein einseitiges Kausalverhältnis sondern ein Wechselwirkungsverhältnis zwischen Identität und den

Interessen eines Menschen. Interessen sind subjektive Überzeugungen von anzustrebender Realität. Je subjektiv bedeutsamer und betroffen machender die jeweilige Angelegenheit ist, um so bewusster und überlegter wird das eine Bedürfnis befriedigt, das andere hinten an gestellt, das eine Interesse realisiert, das andere vernachlässigt (S. 53)

Die Kontrollmotivation ist das Bedürfnis, auf subjektiv bedeutsame Gegenstände und ihre Entwicklung Einfluss zu nehmen. Kontrollmotivation meint die Tendenz höher entwickelter Lebewesen, mit dem eigenen Verhalten die Regulierbarkeit des Lebensraums abzusichern und zu steigern. Dieses Verhalten kann zu Kontrollerlebnissen auf der einen Seite und zu Kontrollverlust in anderen Bereichen führen. (z.b. reduzierte Freizeit, stärker vorbestimmte Zeitstruktur). Hierbei kommt es auf persönliche Wertehierarchien, auf subjektive Bedeutsamkeit an (Beispiel: Der eine empfände es als Kontrollverlust, einen gemütlichen Fernsehabend mit Bier für eine Gruppensitzung von „Amnesty International" zu opfern; der andere empfände es als Kontrollverlust, angesichts dessen, was er immer wieder in der „Tagesschau" sieht, nicht mit Gleichgesinnten etwas dagegen unternehmen zu können).

Im Selbstvertrauen und Selbstbewußtsein liegen die emotionalen Entsprechungen der Kontrollmotivation. Selbstvertrauen betrifft die individuelle, Selbstbewusstsein die soziale Perspektive.

Selbstvertrauen ist die Erfolgszuversicht in Hinblick auf die Fähigkeit, eigene Bedürfnisse zu befriedigen und eigene Handlungsziele zu erreichen, das Vertrauen auf die eigenen Kompetenzen.

Selbstbewusstsein dagegen ist die Erfolgszuversicht im Hinblick auf die Fähigkeit, Zustimmung zu finden, andere zu überzeugen, sich zu behaupten und durchzusetzen. (S. 56)

Innere Verpflichtung, Selbstanspruch in Bedürfnissen und Interessen und Kontrollmotivation sind also wichtige Motivationskonzepte von Haußers Identitätstheorie.

Quelle:

Haußer, Karl: Identitätspsychologie. Berlin: Springer, 1995.

Datum und Unterschrift

Diese Ausarbeitung habe ich eigenständig verfasst.

Bad Münder, 20. August 2003

Hans-Peter Tonn